Células

Stephanie Herweck Paris

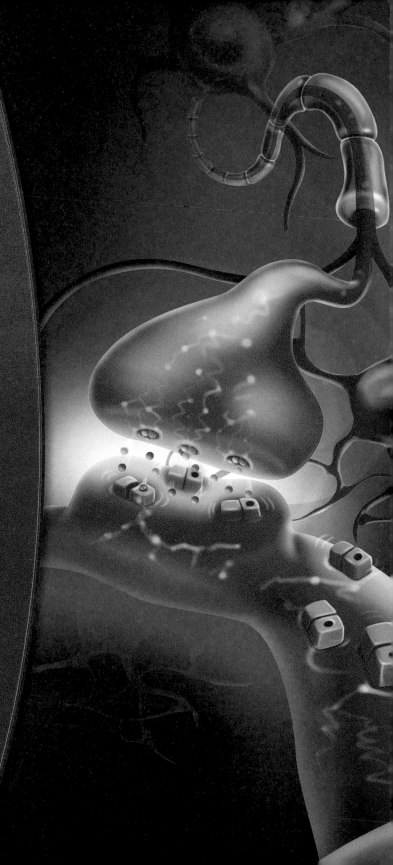

Asesora

Jill Tobin
Semifinalista
Maestro del año de California
Burbank Unified School District

Créditos de publicación

Rachelle Cracchiolo, M.S.Ed., *Editora comercial*
Conni Medina, M.A.Ed., *Gerente editorial*
Diana Kenney, M.A.Ed., NBCT, *Editora principal*
Dona Herweck Rice, *Realizadora de la serie*
Robin Erickson, *Diseñadora de multimedia*

Créditos de las imágenes: Portada, págs.1, 10–11,
Contraportada Science Source; pág.2 JACOPIN/BSIP/
Newscom; pág.3 Spencer Sutton/Science Source; pág.6
Ted Kinsman/Science Source; págs.6–7, 14, 17, 19–20, 23,
31–32 iStock; pág.8 (izquierda) Alamy, (inferior) CNRI/
Science Source; pág.9 Keith R. Porter/Science Source;
pág.10 (derecha) Eric V. Grave/Science Source, (izquierda)
Science Picture Co./Science Source; pág.11 (ilustración)
Timothy Bradley; 13, 26 Steve Gschmeissner/Science
Source; pág.16 Nicholas E. Curtis and Ray Martinez/
University of South Florida; pág.17 (inferior) De Agostini
Picture Library/Science Source; págs.18–19 (ilustración)
Timothy Bradley; pág.24 Claus Lunau / Science
Source; págs.24–25 Blausen.com staff, "Blausen gallery
2014," Wikiversity Journal of Medicine. DOI:10.15347/
wjm/2014.010. ISSN 20018762; pág.27 Ted Kinsman/
Science Source; págs.28–29 (ilustración) Timothy Bradley;
las demás imágenes cortesía de Shutterstock.

Teacher Created Materials
5301 Oceanus Drive
Huntington Beach, CA 92649-1030
http://www.tcmpub.com

ISBN 978-1-4258-4712-8
© 2018 Teacher Created Materials, Inc.

Contenido

Célula por célula

¿Alguna vez has construido algo con ladrillos de plástico? Puedes construir casas, personas o aviones solo usando ladrillos de la forma correcta. Cuantos más tipos de ladrillos tengas, más tipos de cosas puedes construir. Si tienes ladrillos con ruedas, puedes hacer automóviles de juguete que rueden. Si tienes ladrillos de diferentes colores y tamaños, puedes hacer todo tipo de patrones diferentes al construir.

Observa a tu alrededor y a todos los seres vivos que te rodean. Las plantas y los animales no están hechos de ladrillos de plástico. Pero todos los seres vivos están compuestos por diminutas células. Algunos organismos tienen una sola célula. Son unicelulares. Pero casi todos los seres vivos que puedes ver están compuestos por muchas, muchas células diminutas. Los organismos compuestos por más de una célula son multicelulares. Cada una de estas células hace su propio trabajo. Célula por célula, todas trabajan en conjunto para hacer todo lo que un organismo necesita para permanecer vivo. Por eso, con frecuencia los biólogos las llaman "las piezas fundamentales de la vida".

Miles de millones

Los organismos unicelulares, o de una sola célula, han estado en la Tierra desde hace aproximadamente 3,800 millones de años. Sí, ¡esa cantidad de años!

La cantidad de células de la Tierra es inimaginable. ¡Hay más células en una persona que animales en la Tierra!

La teoría celular

La mayoría de las células son pequeñas. Son tan pequeñas que es imposible verlas, pero los científicos estiman que se necesitarían 10,000 células humanas para cubrir la cabeza de un alfiler. ¡Y un solo cuerpo humano puede estar constituido por más de 75 billones de células!

Los científicos descubrieron las células por primera vez en el siglo XVII, después de la invención del microscopio. En el año 1665, Robert Hooke miró bajo el microscopio un delgado trozo de corcho. Vio una serie de pequeños espacios rodeados de paredes. Consideró que se veían como pequeñas celdas, y por eso las llamó *células*.

A lo largo del tiempo, los científicos han estudiado todo tipo de seres vivos para observar sus células y el modo en el que funcionan. Hacia el siglo XIX, desarrollaron una teoría que establece que todos los seres vivos están compuestos por una o más células; la célula es la unidad básica de la vida y todas provienen de otras células. En otras palabras, todas las formas de vida están compuestas por células. Las células son la parte más pequeña de los seres vivos que tiene vida. Y la única manera en la que las células se pueden formar es que otras células las formen.

corcho
ampliado

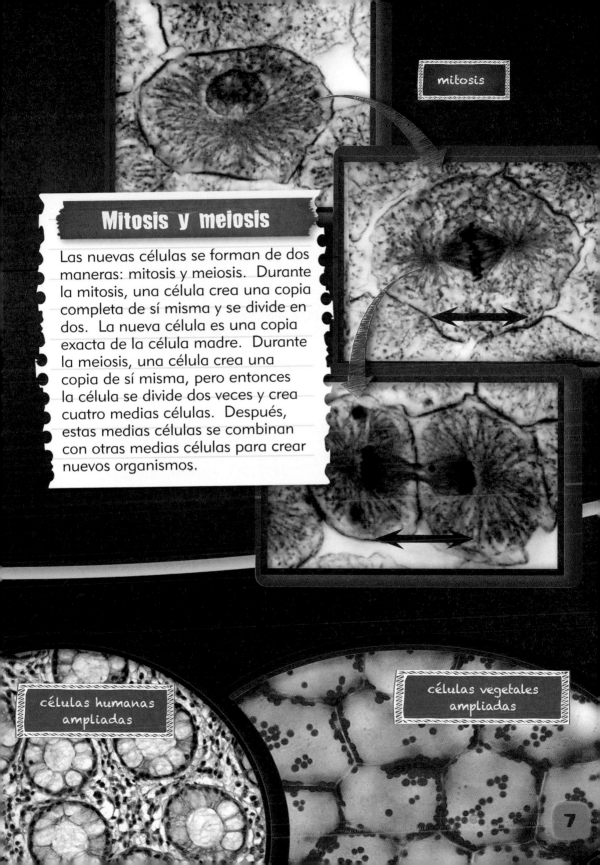

Mitosis y meiosis

Las nuevas células se forman de dos maneras: mitosis y meiosis. Durante la mitosis, una célula crea una copia completa de sí misma y se divide en dos. La nueva célula es una copia exacta de la célula madre. Durante la meiosis, una célula crea una copia de sí misma, pero entonces la célula se divide dos veces y crea cuatro medias células. Después, estas medias células se combinan con otras medias células para crear nuevos organismos.

células humanas ampliadas

células vegetales ampliadas

¿Qué hacen las células?

Los organismos de todas las formas y tamaños necesitan ciertas cosas para sobrevivir. Necesitan crear o ingerir alimentos para tener energía. Deben eliminar los desechos. Deben protegerse a sí mismos, crecer y dar soporte al cuerpo. Y debido a que las células provienen de otras células, necesitan reproducirse. En los organismos unicelulares, como la levadura o las **bacterias**, todas esas necesidades están cubiertas dentro de una sola célula. Pero, generalmente, los organismos multicelulares tienen células especializadas. Algunas células pueden dar soporte al cuerpo. Otras pueden procesar la comida. Y otras ayudan al organismo a sentir el mundo que lo rodea. En criaturas más grandes, estas células especializadas se organizan en sistemas que trabajan en conjunto para realizar ciertas tareas. Piensa en tu propio cuerpo. Probablemente es bastante evidente que las células de los ojos son diferentes de las células de la sangre. Las células de los ojos forman parte del sistema que te permite ver. Las células de la sangre ayudan a las cosas a moverse por el cuerpo.

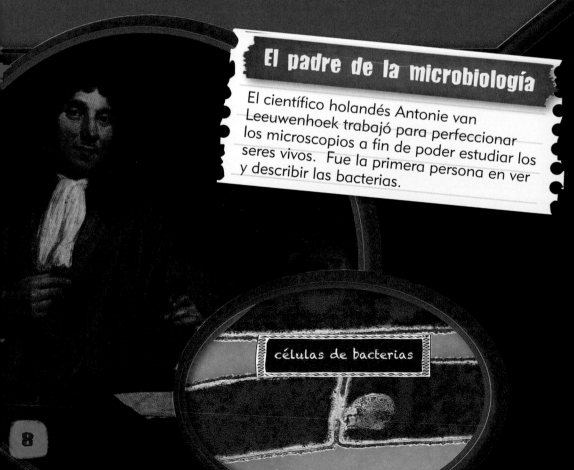

El padre de la microbiología

El científico holandés Antonie van Leeuwenhoek trabajó para perfeccionar los microscopios a fin de poder estudiar los seres vivos. Fue la primera persona en ver y describir las bacterias.

células de bacterias

8

glóbulos rojos

Células muy especiales

La sangre tiene dos tipos de células o glóbulos: rojos y blancos. Los glóbulos rojos le dan a la sangre su color rojo (de allí el nombre) y transportan el oxígeno. Los glóbulos blancos, por su parte, son los responsables de combatir las bacterias e infecciones que hacen que te enfermes.

glóbulo blanco

El cerebro usa las células nerviosas para enviar y recibir información desde y hacia todas las partes del cuerpo.

Células por dentro

Imagina que puedes entrar a una célula y mirarla por dentro. ¿Qué encontrarías? Bien, depende de qué célula se trate. Los científicos categorizan las células según las características que tienen en común. Por ejemplo, la mayoría de las células tienen un núcleo. Estas se denominan eucariontes. Algunos organismos, como las bacterias, no tienen un núcleo. Estas se denominan procariontes.

Las procariontes son mucho más simples que las eucariontes. Pueden vivir en lugares que para otras criaturas serían demasiado severos. Muchas sobreviven en fuentes hidrotermales muy calientes en el fondo del océano. ¡También crecen en el estómago de los animales! Los científicos consideran que estas células fueron las primeras formas de vida de la Tierra.

Las eucariontes son más versátiles que las procariontes y se han adaptado para hacer muchas cosas. Las plantas y los animales están compuestos por estos tipos de células. Desde caracoles pequeños hasta enormes gorilas, las eucariontes aportan variedad a los seres vivos. Ya sean eucariontes o procariontes, las células forman a todos los seres vivos de la Tierra.

bacterias de salmonela

algas eucariontes de agua dulce

Capa por capa

Los **tejidos** constituyen los órganos. Los órganos tienen las mismas funciones que los tejidos de los que están compuestos. Tu piel es un órgano.

La mano está protegida por piel.

tejido de la piel

células de la piel

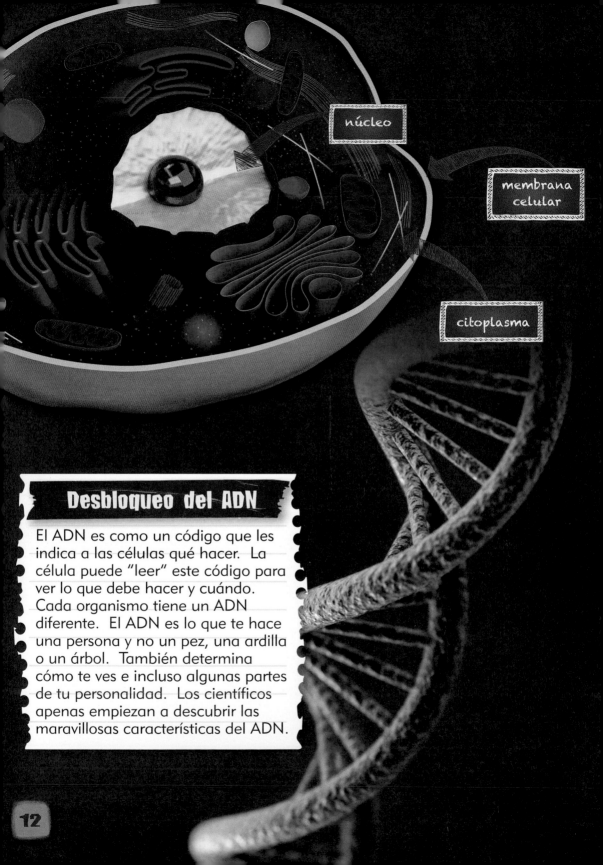

núcleo

membrana celular

citoplasma

Desbloqueo del ADN

El ADN es como un código que les indica a las células qué hacer. La célula puede "leer" este código para ver lo que debe hacer y cuándo. Cada organismo tiene un ADN diferente. El ADN es lo que te hace una persona y no un pez, una ardilla o un árbol. También determina cómo te ves e incluso algunas partes de tu personalidad. Los científicos apenas empiezan a descubrir las maravillosas características del ADN.

Orgánulos

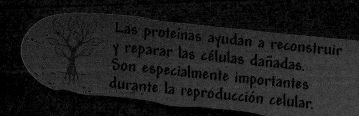

Las proteínas ayudan a reconstruir y reparar las células dañadas. Son especialmente importantes durante la reproducción celular.

Así como el cuerpo necesita muchos tipos diferentes de células para funcionar, las células tienen muchas partes especializadas. En los animales, las partes del cuerpo con funciones específicas se denominan *órganos*. Las partes de las células con funciones específicas se denominan *orgánulos*. Las células de las plantas y los animales tienen muchos orgánulos en común.

El orgánulo más importante es el núcleo de la célula. Es similar al cerebro de una célula. Controla todas las actividades. El núcleo es también donde está almacenado el ADN de la célula. ADN es la sigla para *ácido desoxirribonucleico*. ¡Intenta decirlo rápido cinco veces! El ADN transfiere información de las células madre a la descendencia.

La membrana celular protege la célula. Actúa como la piel de la célula. Es una cubierta delgada y flexible. Permite el ingreso de las cosas que la célula necesita, como alimento, agua y nutrientes, y permite la salida de los desechos. Dentro de las células se encuentra el citoplasma. Este es un fluido gelatinoso en el cual existen todas las demás estructuras celulares. Contiene muchas de las sustancias químicas que las células necesitan para funcionar. Los ribosomas son los orgánulos que ayudan a las células a producir proteínas. Las células necesitan proteínas para funcionar.

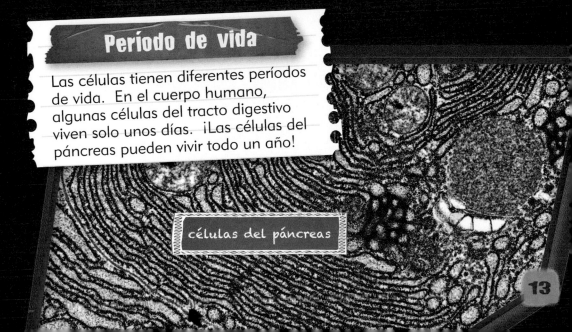

Período de vida

Las células tienen diferentes períodos de vida. En el cuerpo humano, algunas células del tracto digestivo viven solo unos días. ¡Las células del páncreas pueden vivir todo un año!

células del páncreas

Otro orgánulo es la mitocondria. Es la planta de energía de la célula. Su función es liberar energía del alimento de la célula. El aparato de Golgi parece una pila de panqueques. Se considera el centro de envíos de una célula. Está compuesto por una serie de membranas. Procesa las proteínas y las prepara para enviarlas a otras partes de un organismo.

Para ayudar al aparato de Golgi con los envíos está el retículo endoplásmico (RE). El RE es una red de sacos y tubos aplanados. Su función es ayudar a crear y almacenar las sustancias que necesitan la célula u otras partes de un organismo. Hay dos tipos de RE en la mayoría de las células: lisos y rugosos. Los RE rugosos están recubiertos de ribosomas, que le dan apariencia rugosa. Su función es agrupar proteínas. Los RE lisos no tienen ribosomas. Ayudan a descomponer las toxinas y controlan el nivel de otras sustancias que se encuentran en las células.

Todos estos orgánulos funcionan dentro de una célula y los sostiene el cistoesqueleto. Es lo que le da forma a la célula. También le permite moverse. Las plantas y los animales tienen todos estos orgánulos. Pero tienen algunas diferencias.

Alimento celular

Tal vez comas muchas cosas todos los días. Pero solo hay algunas moléculas que las células pueden usar como alimento. La más común es la glucosa. La glucosa es un azúcar básico. Dentro de una célula, la mitocondria usa la glucosa, el agua y el oxígeno para producir energía. A cambio, se produce dióxido de carbono en forma de desecho. Por eso, inhalamos oxígeno y exhalamos dióxido de carbono.

mitocondria

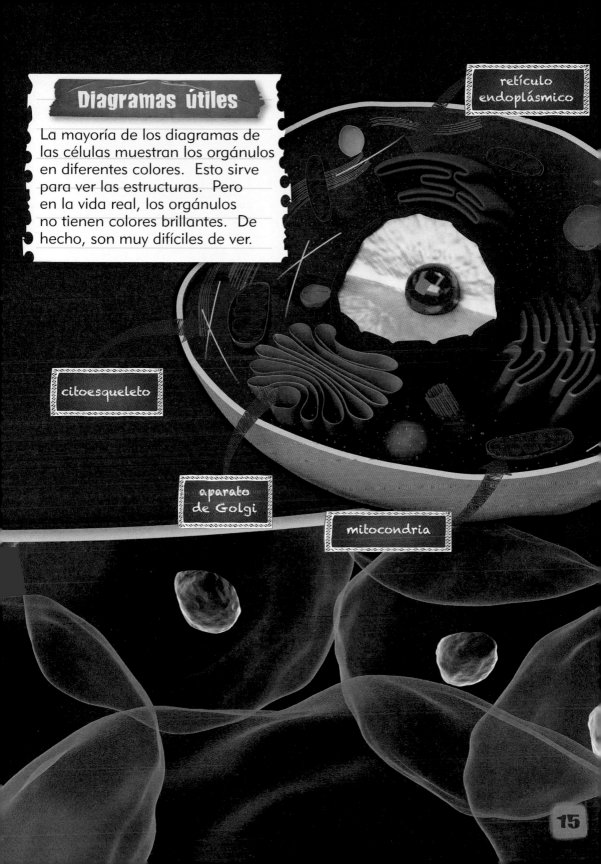

Diagramas útiles

La mayoría de los diagramas de las células muestran los orgánulos en diferentes colores. Esto sirve para ver las estructuras. Pero en la vida real, los orgánulos no tienen colores brillantes. De hecho, son muy difíciles de ver.

retículo
endoplásmico

citoesqueleto

aparato
de Golgi

mitocondria

Células vegetales

Las plantas pueden parecer sencillas, pero debajo de ese exterior sencillo encontrarás un maravilloso conjunto de orgánulos complejos. Además de una membrana celular, las células vegetales tienen una pared celular rígida. La pared celular ayuda a dar soporte a la planta y a proteger la célula. Las células vegetales también tienen una vacuola grande. Es un compartimento amplio de almacenamiento de alimento y nutrientes que las plantas necesitan para sobrevivir. También almacena los desechos antes de que salgan de la planta. Las células vegetales tienen la maravillosa capacidad de producir su alimento. Los cloroplastos son las estructuras responsables de esta tarea. Contienen clorofila, una sustancia verde que le da el color a las plantas. Es aquí donde la planta convierte la energía solar en alimento. Estos orgánulos especiales permiten que las plantas crezcan.

vacuola

cloroplasto

pared celular

Mundo verde

La clorofila es lo que permite a las plantas convertir la luz solar en alimento. Pero hay una babosa de mar que también puede usar la clorofila. Después de comer las algas, conserva los cloroplastos del alga y los usa en su propio cuerpo.

¡Crujiente!

¿Te has dado cuenta de que cuando muerdes algunos tipos de frutas o verduras hacen un sonido crujiente? ¡Es el sonido de millones de paredes celulares rompiéndose!

Células animales

Las células de los animales también son maravillosas. Los centriolos son un tipo de orgánulo que solo se encuentra en las células animales. Están en pares y son esenciales cuando las células se reproducen. De forma similar a las células vegetales, las células animales tienen vacuolas, pero son mucho más pequeñas. Debido a que los animales no pueden producir su alimento, tienen algunas características adicionales que los ayudan a sobrevivir. Los cilios son vellos cortos que se mueven como una onda en la superficie de la célula. Los flagelos son muy parecidos a los cilios, pero un poco más largos. Ambos ayudan al movimiento de las células. Sin importar si se trata de células vegetales o animales, contienen estructuras internas que complementan sus necesidades.

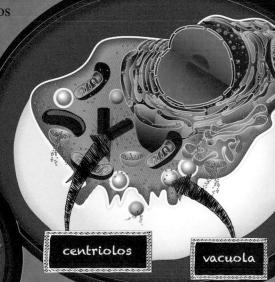

cilios

centriolos

vacuola

Mantén el movimiento

Las células deben transportar sustancias dentro y fuera de la célula de forma constante. Todas las células deben convertir el alimento en energía para sobrevivir. Algunas células transportan los alimentos desde afuera de la membrana celular. Y aunque las células vegetales producen su alimento, necesitan absorber el dióxido de carbono. Todas las células también deben eliminar los desechos de las membranas. Entonces, ¿cómo funciona?

Siempre es mejor que las membranas transporten el alimento, los desechos y otras cosas sin usar energía. El transporte pasivo es el método favorito de la naturaleza. Pero, en ocasiones, las células no tienen forma de mover las sustancias sin energía que las ayude. En esos casos, usan el transporte activo. El tipo de transporte que la célula emplea con más frecuencia depende de la célula y del tipo y tamaño de material que se transporta.

Las células emplean el transporte activo y el pasivo para mantener la homeostasis. Es un estado de equilibrio que las células deben mantener para sobrevivir. Cuando las células tienen todo lo que necesitan, están en estado de homeostasis.

La observación del transporte

- La homeostasis se produce cuando hay un mismo número de moléculas dentro y fuera de la célula.

- El transporte pasivo se produce cuando las moléculas se mueven de lugares con más moléculas a lugares con menos moléculas.

- El transporte activo se produce cuando las moléculas se mueven de lugares con menos moléculas a lugares con más moléculas.

equilibrio dinámico

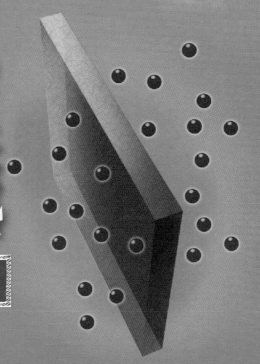

Se elevan y vuelan

Cuando unas aves vuelan, no tienen que usar la energía; flotan mientras el aire las impulsa. Eso es como el transporte pasivo. Pero cuando estas aves quieren cambiar de dirección, deben aletear con fuerza para ir en contra del viento, y eso requiere mucha energía. Es parecido al transporte activo.

transporte activo

transporte pasivo

Transporte pasivo

¿Alguna vez has entrado a la casa y te has dado cuenta de inmediato que alguien estaba horneando galletas? Tal vez sea por el olor. ¡Puedes agradecer a la **difusión**! La difusión es la forma más sencilla de transporte pasivo. Es un proceso que esparce las partículas mediante un gas o un líquido. En la difusión, las partículas se mueven de áreas de más concentración a áreas de menos concentración. Imagina que alguien hornea galletas en la cocina. El aire de la cocina está lleno de ese aroma y el aire de la sala no huele en absoluto. La cocina tiene una concentración más alta de olor a galletas. Por lo tanto, las partículas del aire salen de la cocina y entran a la sala. Pronto, la cantidad es la misma en ambos lugares. Finalmente, se difunde más y más y puedes oler las galletas en todos los espacios de la casa. ¡Tal vez es posible que las huelas desde la calle!

La difusión del calor

El calor afecta la velocidad a la que se difunden las cosas. Cuando algo está caliente, las partículas se mueven con rapidez y se difunden mucho más rápido.

Las células aprovechan este proceso. Lo usan para mover los desechos de las áreas de más concentración (dentro de la célula) hacia áreas de menos concentración (fuera de la célula). El alimento ingresa de la misma manera, pero invertida.

Las lombrices usan la difusión para respirar. Transportan el oxígeno dentro del cuerpo a través de la piel.

La ósmosis es un tipo especial de difusión. Durante la ósmosis, el agua se mueve por la membrana de la célula. Así es como las plantas obtienen la mayor cantidad de agua. Cuando las células de la raíz tienen menos humedad que la que tiene la tierra, el agua fluye hacia las células. Las células que están más lejos de la raíz también tienen menos agua. Por eso, el agua fluye hacia las partes más altas de la planta. Cuando hay cantidades iguales de partículas dentro y fuera de la célula, está en equilibrio. No hay presión para que las partículas fluyan dentro o fuera de la célula.

Cuando las plantas no tienen suficiente agua en las células, se marchitan. Piensa en una manguera de jardín que no tiene agua. Cuando no hay presión que la mantenga erguida, la manguera colapsa sobre sí misma. Del mismo modo, las células de las plantas sin el agua suficiente colapsan sobre sí mismas. Pero si tienen el agua suficiente, se llena la gran vacuola dentro de la célula. Es como llenar una manguera con agua. El agua dentro de la vacuola hace presión contra el citoplasma. El citoplasma empuja la pared celular y la planta permanece erguida.

Ósmosis en la digestión

Los alimentos con alto contenido de proteínas, como los huevos y la leche, tienen menos posibilidades de experimentar la ósmosis durante la digestión. Las moléculas grandes de proteína impiden que las moléculas de agua lleguen a la membrana celular. Por lo tanto, más agua permanece en el cuerpo, y las células y los órganos permanecen hidratados y en funcionamiento.

Cuando las células de las plantas pierden demasiada agua por la ósmosis, la membrana celular se contrae y se aleja de la pared celular.

Problemas salados

Los peces de agua salada se han adaptado a la vida en un entorno salado. Deben absorber mucha agua para sobrevivir. Pero si uno de estos peces estuviera en agua dulce, las células absorberían demasiada agua mediante la ósmosis. Las células estallarían y el pez moriría.

Transporte activo

En ocasiones, la ósmosis y la difusión no son suficientes. Tal vez una sustancia necesita trasladarse de una zona con menos concentración a una con concentración más alta. O tal vez la célula necesita hacer pasar algo demasiado grande como para llegar a la membrana celular de forma normal. En esos casos, las células necesitan una estrategia más activa. La membrana celular tiene muchos canales largos que la atraviesan. Estos canales están recubiertos con proteínas especiales llamadas **portadoras**. Las portadoras están estructuradas de manera que una porción esté dentro de la célula y la otra, fuera. Cada una tiene una sustancia específica a la que apunta. Es posible que una esté allí por la glucosa. Otra tal vez por el calcio. Si llega la molécula equivocada, la portadora no hace nada. Pero cuando la molécula correcta se acerca a la portadora, se usa la energía para impulsarla dentro o fuera de la célula. Piensa en ese impulso como si apretaras un tubo de pasta dental. Así es como la célula controla la cantidad de desechos o de alimentos que conserva.

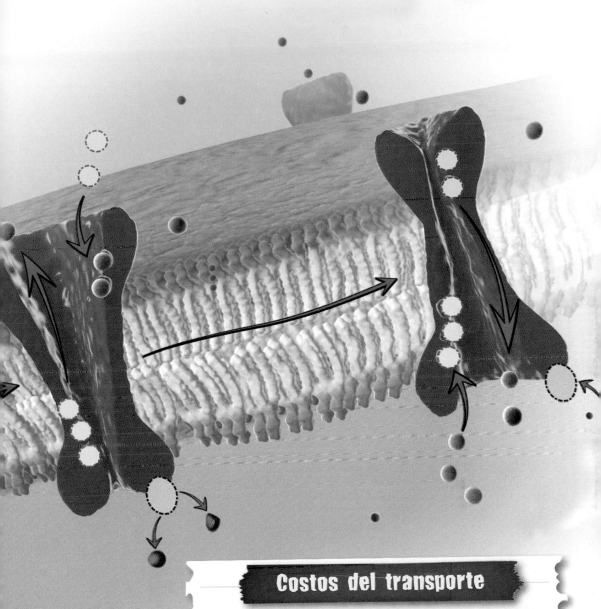

Costos del transporte

El transporte activo es muy importante para una célula. Para este proceso, ¡las células usan alrededor de un tercio de la energía que generan!

Células pequeñas pero muy importantes

Las células te rodean. Cumplen una función importante en todos los aspectos de tu vida. ¡De hecho, cumplen una función importante en todos los aspectos de todas las formas de vida! Sin las células y su increíble capacidad, no habría vida. Las células convierten los azúcares en energía, mueven el agua y eliminan los desechos. Estas son cosas que todos los organismos necesitan hacer. Las células especializadas se agrupan en sistemas complejos. Estos sistemas se agrupan para formar organismos complejos. Pero hasta las formas de vida más complejas están compuestas por estas piezas fundamentales.

El poder del cerebro

Las células del cerebro son extremadamente poderosas. ¡Estas contienen más información que las computadoras! Una sola célula puede almacenar más información que una enciclopedia con 1,000 años de historia. ¡Asombroso!

células cerebrales

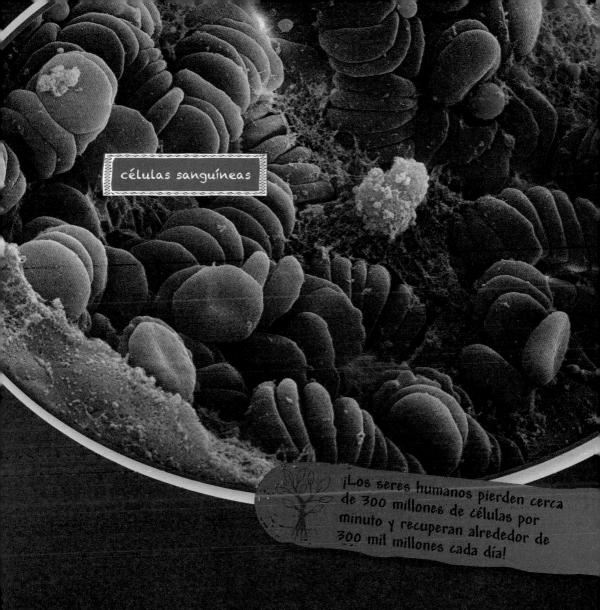

célulaas sanguíneas

¡Los seres humanos pierden cerca de 300 millones de células por minuto y recuperan alrededor de 300 mil millones cada día!

Nadie sabe exactamente cuántas especies hay en el planeta Tierra. Hasta ahora, los científicos han identificado unos dos millones. Pero sabemos que hay muchas, muchas más. Más y más se descubren cada día. Algunos científicos creen que hay unos cinco millones. Otros, consideran que hay 100 millones. ¿Cómo son todas esas especies? Todavía no lo sabemos. Algunas son pequeñas. Otras son grandes. Hay mamíferos, reptiles e insectos. Otras son bacterias. Pero sabemos una cosa importante sobre cada una de ellas: todas tienen la misma esencia. Todas están compuestas por una o más células.

Piensa como un científico

¿Cómo funciona la difusión? ¡Experimenta y averígualo!

Qué conseguir

- agua
- banda elástica
- colorante de alimentos
- frasco grande y transparente
- toallas de papel

Qué hacer

1 Llena el frasco con agua. Coloca la toalla de papel sobre la abertura. Con cuidado, empuja el centro hasta que toque el agua.

2 Asegura la toalla de papel con una banda elástica para que no se mueva. Coloca varias gotas de colorante de alimentos en el agua, a través de la toalla de papel.

3 Repite el experimento usando agua helada o agua tibia. Intenta agregar más colorante de alimentos. ¿Cómo afectan estos cambios los resultados? Crea una tabla para registrar tus observaciones.

	agua helada	agua tibia	gotas de colorante
cambios			

Glosario

bacterias: pequeños organismos que descomponen plantas y animales muertos

difusión: el movimiento de las moléculas de áreas de más concentración a áreas de menos concentración

equilibrio: un estado en el que todo está en balance

eucariontes: células que tienen un núcleo

homeostasis: un estado de equilibrio relativamente estable

multicelulares: compuestos de muchas células

núcleo: el centro de la célula que contiene material genético

orgánulos: estructuras dentro de una célula que desempeñan funciones específicas

ósmosis: el proceso que hace que un líquido atraviese la membrana de la célula de un ser vivo

portadoras: proteínas especiales que ayudan a mover las cosas hacia dentro y fuera de una célula durante el transporte activo

procariontes: células que no tienen núcleos ni orgánulos distintivos

tejidos: materiales que conforman las partes de las plantas o los animales

transporte activo: el movimiento de las sustancias, de regiones de menos concentración a regiones de más concentración, mediante el uso de la energía

transporte pasivo: el movimiento de las sustancias de regiones de más concentración a regiones de menos concentración

unicelulares: compuestos únicamente de una célula

Índice

¡TU TURNO!

Células en la cocina

Pregunta a un adulto si puedes ayudarlo a hornear pan. La levadura es un organismo unicelular que come el azúcar y crea dióxido de carbono. También ayuda al pan a elevarse y a que quede esponjoso. Sigue una receta que haya en Internet o en un libro de cocina. Observa cómo cambia la masa. Luego, disfruta de un pan delicioso.